GUÉRIR DE LA DÉPRESSION

CONTENTS

GUÉRIR DE LA DÉPRESSION

Un Guide Complet Pour Retrouver

La Joie De Vivre

INTRODUCTION :

"La santé mentale est un trésor que nous devons préserver avec autant de vigilance que la richesse matérielle." - Earl Nightingale

"Le plus grand trésor que l'on puisse posséder est la paix de l'esprit." - Proverbe indien

Bienvenue dans cet ebook dédié au bien-être mental, un guide complet pour naviguer à travers les eaux parfois tumultueuses de nos pensées, émotions et expériences intérieures.

Dans un monde où les défis de la vie moderne peuvent souvent peser lourdement sur notre bien-être émotionnel, la préservation de notre santé mentale devient une priorité essentielle.

Dans les pages qui suivent, nous allons explorer ensemble les différentes dimensions de la santé mentale, depuis la reconnaissance des signes précurseurs de la dépression jusqu'à la création d'un plan de récupération durable pour maintenir une santé mentale équilibrée sur le long terme. Chaque chapitre offre une plongée profonde dans des thématiques essentielles telles que la pleine conscience, la gestion du stress, l'estime de soi, les relations sociales et bien plus encore.

Que vous soyez en quête de réconfort face à des pensées sombres, en recherche de stratégies pour gérer le stress quotidien, ou simplement à la recherche de moyens pour élever votre esprit vers des sommets plus lumineux, cet ebook est conçu pour vous accompagner dans votre parcours vers une santé mentale équilibrée et épanouissante.

Préparez-vous à explorer les méandres de votre esprit, à découvrir de nouvelles pratiques pour cultiver la sérénité intérieure et à embrasser une vie où la santé mentale est une priorité centrale. Ensemble, nous allons cheminer vers un avenir où la lumière intérieure brille de tout son éclat.

Les pressions de la vie quotidienne, les défis personnels et les exigences professionnelles peuvent exercer un stress considérable sur notre bien-être émotionnel et mental. Dans cet ebook, nous explorons les stratégies, les pratiques et les conseils pour cultiver une santé mentale équilibrée et durable, afin de vivre pleinement et en harmonie avec nous-mêmes et notre environnement.

Chaque chapitre de cet ebook aborde un aspect spécifique de la santé mentale, allant de la reconnaissance des signes de la dépression à la création d'un plan de récupération durable. En intégrant ces pratiques et ces stratégies dans votre vie quotidienne, vous pouvez renforcer votre résilience mentale, développer une attitude positive et équilibrée, et cultiver une vie épanouissante sur le plan mental, émotionnel et spirituel.

Que vous cherchiez des moyens de surmonter la dépression, de gérer le stress, ou simplement de maintenir une santé mentale optimale, cet ebook vous fournira les outils et les ressources nécessaires pour naviguer avec succès à travers les hauts et les bas de la vie. Avec engagement, persévérance et bienveillance envers vous-même, vous pouvez construire un avenir où le bien-être mental est une priorité et où la résilience est une force qui vous guide à travers les défis de la vie.

Préparez-vous à entreprendre un voyage de découverte de soi, de croissance personnelle et de transformation. Bienvenue dans votre voyage vers une santé mentale équilibrée et durable.

CHAPITRE 1 : RECONNAÎTRE LES SIGNES DE LA DÉPRESSION

"La première étape vers la guérison est la reconnaissance de la maladie." - Nicholas Sparks

On peut définir la dépression comme un trouble mental caractérisé par une humeur persistante de tristesse, de désespoir ou de vide.

La dépression peut se manifester de différentes manières, et il est crucial de reconnaître les signes précoces pour obtenir une aide appropriée. Les symptômes courants de la dépression comprennent une tristesse persistante, une perte d'intérêt pour les activités autrefois appréciées, des changements d'appétit et de sommeil, une fatigue accrue, des sentiments de culpabilité ou de désespoir, et des pensées suicidaires.

Ces signes peuvent varier en intensité d'une personne à l'autre, mais ils indiquent tous un trouble émotionnel sérieux qui nécessite une attention professionnelle. En reconnaissant ces signes chez vous-même ou chez un être cher, vous pouvez prendre les mesures nécessaires pour obtenir un soutien et commencer le processus de guérison.

Reconnaître les signes de la dépression est crucial pour intervenir rapidement et efficacement face à cette maladie insidieuse. La dépression peut se manifester de différentes manières, et il est essentiel d'être attentif aux signaux d'alarme émotionnels et physiques qui peuvent indiquer sa présence.

Parmi les symptômes émotionnels les plus courants, on trouve une tristesse persistante et envahissante, qui peut se manifester par des pleurs fréquents, une sensation de vide intérieur ou une incapacité à ressentir du plaisir même dans des situations normalement agréables. Les personnes dépressives peuvent également éprouver une perte d'intérêt pour les activités qui leur plaisaient auparavant, se retirer socialement et éviter les interactions avec leurs proches. De plus, la dépression peut s'accompagner de changements dans les habitudes alimentaires, tels qu'une perte ou un gain de poids significatif, ainsi que des perturbations du sommeil, telles qu'une insomnie persistante ou un besoin excessif de dormir.

Sur le plan physique, la dépression peut se manifester par une fatigue chronique, un manque d'énergie et une diminution de la capacité à se concentrer ou à prendre des décisions. Les personnes dépressives peuvent également ressentir des douleurs chroniques ou des maux de tête inexplicables, ainsi qu'une agitation ou une irritabilité accrue.

En outre, la dépression peut engendrer un sentiment persistant de désespoir, de dévalorisation de soi et de culpabilité excessive, même pour des choses insignifiantes. Les pensées suicidaires peuvent également faire partie des symptômes de la dépression et ne doivent jamais être ignorées.

Il est important de noter que chacun peut présenter des symptômes de dépression de manière différente, et que ces symptômes peuvent varier en intensité et en durée. Cependant, s'ils persistent pendant deux semaines ou plus et interfèrent avec la vie quotidienne, il est impératif de consulter un professionnel de la santé mentale pour obtenir un diagnostic et un traitement appropriés.

Reconnaître ces signes chez soi-même ou chez un proche est le premier pas vers la recherche d'aide et le début du processus de guérison. N'ignorez jamais les symptômes de la dépression, car un traitement précoce peut faire une énorme différence dans le rétablissement et la qualité de vie.

Il est également important de noter que la dépression peut se manifester de manière différente selon le genre, l'âge et d'autres facteurs individuels. Par exemple, les hommes peuvent être moins susceptibles de rapporter des sentiments de tristesse et plus enclins à exprimer leur détresse par le biais de comportements impulsifs, de colère ou de retrait social. Les enfants et les adolescents peuvent présenter des symptômes de dépression tels que l'irritabilité, des changements dans les habitudes alimentaires ou de sommeil, ainsi que des difficultés scolaires ou une perte d'intérêt pour les activités divertissantes.

De plus, la dépression peut être associée à d'autres problèmes de santé mentale, tels que l'anxiété, les troubles alimentaires ou les troubles liés à l'utilisation de substances. Par conséquent, il est important de prendre en compte tous les symptômes et de consulter un professionnel de la santé mentale pour obtenir un diagnostic précis et un plan de traitement approprié.

Enfin, il est crucial de se rappeler que la dépression n'est pas une faiblesse personnelle, mais une maladie médicale réelle qui nécessite un traitement professionnel. Si vous ou un proche présentez des symptômes de dépression, n'hésitez pas à demander de l'aide. Vous n'êtes pas seul, et il existe des options de traitement efficaces qui peuvent vous aider à retrouver votre bien-être émotionnel et à reprendre le contrôle de votre vie.

En reconnaissant les signes de la dépression et en cherchant un soutien approprié, vous prenez un pas important vers le rétablissement et la guérison. Ne sous-estimez jamais l'importance de prendre soin de votre santé mentale et de demander de l'aide lorsque vous en avez besoin.

CHAPITRE 2 : COMPRENDRE LES CAUSES SOUS-JACENTES DE LA DÉPRESSION

"Connais-toi toi-même et tu connaîtras l'univers et les dieux." - Socrate

La dépression ne se limite pas seulement à des déséquilibres chimiques dans le cerveau ; elle est souvent le résultat d'une combinaison complexe de facteurs biologiques, psychologiques et environnementaux. Comprendre ces causes sous-jacentes est essentiel pour traiter efficacement la dépression.

Parmi les facteurs biologiques, on trouve des prédispositions génétiques, des déséquilibres hormonaux et des changements dans le fonctionnement cérébral. Sur le plan psychologique, des événements traumatisants, des conflits interpersonnels et des schémas de pensée négatifs peuvent contribuer au développement de la dépression.

Des recherches ont montré que des déséquilibres chimiques dans le cerveau, notamment une diminution des neurotransmetteurs tels que la sérotonine, la dopamine et la noradrénaline, peuvent jouer un rôle dans le développement de la dépression. De plus, des facteurs génétiques peuvent également prédisposer certaines personnes à développer une dépression, car des antécédents familiaux de troubles de l'humeur sont souvent observés chez les individus atteints de dépression.

Au niveau psychologique, des événements traumatisants tels que la perte d'un être cher, un abus sexuel ou physique, ou des conflits familiaux peuvent déclencher ou aggraver la dépression. De plus, les schémas de pensée négatifs et les distorsions cognitives, tels que la tendance à se blâmer soi-même pour des événements négatifs ou à percevoir le monde de manière pessimiste, peuvent contribuer au maintien de la dépression.

En outre, des facteurs environnementaux tels que le stress chronique, les difficultés financières, les problèmes relationnels ou les pressions professionnelles peuvent également jouer un rôle dans le développement de la dépression. Les changements de vie importants tels que le divorce, la perte d'emploi ou un déménagement peuvent également déclencher des épisodes dépressifs chez certaines personnes.

Il est important de reconnaître que la dépression n'est pas simplement le résultat d'une faiblesse personnelle ou d'une incapacité à faire face aux défis de la vie. C'est une maladie médicale sérieuse qui nécessite un traitement professionnel. En comprenant les causes sous-jacentes de la dépression, il devient possible d'adopter une approche holistique du traitement, en abordant non seulement les symptômes, mais aussi les facteurs contributifs qui maintiennent la maladie.

En travaillant avec un professionnel de la santé mentale, il est possible d'explorer ces causes sous-jacentes et de développer des stratégies de traitement adaptées à chaque individu. Cela peut inclure des thérapies telles que la thérapie cognitivo-comportementale pour changer les schémas de pensée négatifs, des médicaments pour rétablir l'équilibre chimique dans le cerveau, ainsi que des stratégies de gestion du stress et de résolution de problèmes pour faire face aux défis de la vie quotidienne.

En comprenant les facteurs qui contribuent à la dépression, il devient possible d'adopter une approche plus complète et personnalisée du traitement. Par exemple, pour certaines personnes, le traitement médicamenteux peut être nécessaire pour corriger les déséquilibres chimiques dans le cerveau, tandis que pour d'autres, la thérapie individuelle ou de groupe peut être plus appropriée pour explorer et traiter les causes sous-jacentes de la dépression.

De plus, en identifiant les déclencheurs potentiels de la dépression dans leur vie, les individus peuvent prendre des mesures pour les éviter ou les gérer de manière plus efficace. Cela peut inclure des changements de style de vie pour réduire le stress, des techniques de gestion du stress telles que la relaxation musculaire progressive ou la pleine conscience, ainsi que des stratégies pour améliorer la résilience émotionnelle et la capacité à faire face aux défis de la vie quotidienne.

Il est également important de noter que la dépression peut être une condition chronique qui nécessite une gestion à long terme. Même après avoir réussi à traiter les symptômes aigus de la dépression, il est important de rester vigilant et de surveiller les signes de rechute. Cela peut impliquer de continuer à travailler avec un professionnel de la santé mentale pour ajuster le plan de traitement au besoin, ainsi que de maintenir des habitudes de vie saines et un réseau de soutien solide.

En comprenant les causes sous-jacentes de la dépression et en adoptant une approche proactive pour les traiter, il est possible de surmonter cette maladie et de retrouver un sentiment de bien-être et de satisfaction dans la vie. N'ignorez jamais les signes de la dépression, car un traitement précoce peut faire une énorme différence dans le rétablissement et la qualité de vie.

En outre, il est important de reconnaître que la dépression peut également être influencée par des facteurs sociaux et culturels. Par exemple, les normes sociales qui encouragent la suppression des émotions ou qui stigmatisent la maladie mentale peuvent rendre plus difficile pour certaines personnes de demander de l'aide ou de rechercher un traitement. De même, les expériences de discrimination, de marginalisation ou de traumatisme liées à la race, à l'orientation sexuelle, au genre ou à d'autres aspects de l'identité peuvent contribuer au développement de la dépression chez certaines personnes.

En comprenant ces divers facteurs et en adoptant une approche intersectionnelle de la dépression, il devient possible de fournir un soutien et un traitement plus efficaces aux personnes touchées par cette maladie. Cela peut inclure la sensibilisation aux problèmes de santé mentale dans les communautés marginalisées, la fourniture de ressources culturellement appropriées et accessibles, ainsi que la promotion de politiques et de pratiques qui favorisent l'inclusion, l'équité et la justice sociale.

En résumé, la dépression est une maladie complexe qui peut être causée par une combinaison de facteurs biologiques, psychologiques, environnementaux, sociaux et culturels. En comprenant ces causes sous-jacentes et en adoptant une approche holistique du traitement, il est possible de fournir un soutien et une assistance efficaces aux personnes touchées par la dépression, et de promouvoir la santé mentale et le bien-être pour tous.

CHAPITRE 3 : LES DIFFÉRENTES FORMES DE TRAITEMENT POUR LA DÉPRESSION

"Il y a autant de chemins vers la guérison qu'il y a de personnes qui cherchent à guérir." - Iyanla Vanzant

Heureusement, il existe une variété de traitements efficaces pour la dépression, et il est important de trouver celui qui convient le mieux à chaque individu.

Les options de traitement vont de la thérapie traditionnelle à la médication, en passant par les approches alternatives telles que la thérapie cognitivo-comportementale, la thérapie interpersonnelle et la thérapie basée sur la pleine conscience. La thérapie offre un espace sécurisé pour explorer les pensées et les émotions sous-jacentes qui contribuent à la dépression, tandis que les médicaments peuvent aider à rétablir l'équilibre chimique dans le cerveau.

Certaines personnes trouvent également du soulagement dans des approches complémentaires telles que l'exercice régulier, la méditation et l'acupuncture. L'important est de travailler en collaboration avec un professionnel de la santé mentale pour élaborer un plan de traitement personnalisé qui répond aux besoins uniques de chaque individu.

1. Thérapie cognitivo--comportementale (TCC) :

La TCC est l'une des approches les plus couramment utilisées pour traiter la dépression. Elle se concentre sur l'identification et la modification des schémas de pensée négatifs et des comportements destructeurs qui contribuent à la dépression. Les thérapeutes aident les individus à développer des compétences pour faire face aux situations stressantes, à changer leurs perceptions de soi et du monde, et à adopter des comportements plus sains.

2. Thérapie interpersonnelle (TIP) :

La TIP se concentre sur les relations interpersonnelles et les événements de vie qui peuvent contribuer à la dépression. Les thérapeutes aident les individus à explorer et à résoudre les conflits relationnels, à améliorer leurs compétences en communication, et à renforcer leur soutien social. La TIP peut aider les individus à développer des relations plus saines et plus satisfaisantes, ce qui peut avoir un impact positif sur leur santé mentale.

3. Médicaments antidépresseurs :

Les médicaments antidépresseurs, tels que les inhibiteurs sélectifs de la recapture de la sérotonine (ISRS) ou les inhibiteurs de la recapture de la sérotonine-noradrénaline (IRSNa), sont souvent prescrits pour traiter les symptômes de la dépression. Ces médicaments agissent en régulant les neurotransmetteurs dans le cerveau pour améliorer l'humeur et réduire les symptômes dépressifs. Il est important de travailler en étroite collaboration avec un médecin pour trouver le médicament et la posologie qui conviennent le mieux à chaque individu.

4. Thérapies complémentaires et alternatives :

En plus des traitements conventionnels, certaines personnes trouvent du soulagement dans des thérapies complémentaires telles que l'acupuncture, la méditation, le yoga ou la thérapie par la lumière. Bien que ces approches puissent ne pas convenir à tout le monde, elles peuvent être bénéfiques pour certaines personnes en complément des traitements traditionnels.

5. Thérapie basée sur la pleine conscience :

La thérapie basée sur la pleine conscience, telle que la mindfulness-based cognitive therapy (MBCT) ou la mindfulness-based stress reduction (MBSR), intègre des techniques de pleine conscience dans le traitement de la dépression. En se concentrant sur le moment présent, la pleine conscience aide les individus à reconnaître et à accepter leurs pensées et leurs émotions sans les juger. Cela peut aider à réduire les symptômes dépressifs en cultivant un sentiment de calme, de clarté et de bien-être.

6. Exercice physique :

L'exercice régulier est un moyen efficace de réduire les symptômes de la dépression. L'activité physique libère des endorphines, des substances chimiques dans le cerveau qui agissent comme des analgésiques naturels et améliorent l'humeur. De plus, l'exercice peut aider à réduire le stress, à améliorer la qualité du sommeil et à renforcer la confiance en soi. Il est recommandé de pratiquer au moins 30 minutes d'exercice modéré à intense plusieurs fois par semaine pour bénéficier de ses effets antidépresseurs.

7. Alimentation équilibrée :

Une alimentation saine et équilibrée peut également jouer un rôle dans le traitement de la dépression. Des recherches suggèrent que certains nutriments, tels que les acides gras oméga-3, les vitamines B et D, ainsi que les antioxydants, peuvent avoir un impact positif sur l'humeur et la santé mentale. Il est recommandé de privilégier une alimentation riche en fruits, légumes, grains entiers, protéines maigres et graisses saines pour soutenir la santé mentale.

8. Gestion du stress :

Apprendre à gérer le stress est essentiel pour prévenir et traiter la dépression. Des techniques telles que la relaxation musculaire progressive, la respiration profonde, la visualisation guidée et la méditation peuvent aider à réduire les niveaux de stress et à favoriser un sentiment de calme et de bien-être. En identifiant et en évitant les sources de stress dans sa vie, ainsi qu'en adoptant des stratégies pour faire face aux situations stressantes de manière saine et efficace, il est possible de réduire les symptômes de la dépression et de prévenir les rechutes.

9. Éducation et auto-assistance :

L'éducation sur la dépression et les compétences d'auto-assistance peuvent être des outils précieux dans le traitement de la dépression. En apprenant sur leur maladie, les individus peuvent mieux comprendre leurs symptômes, leurs déclencheurs et leurs options de traitement. De plus, les compétences d'auto-assistance, telles que la résolution de problèmes, la gestion du temps et la communication efficace, peuvent aider à renforcer la résilience mentale et à améliorer le fonctionnement quotidien.

10. Interventions de groupe et de pairs :

Les interventions de groupe et de pairs peuvent offrir un soutien social et émotionnel précieux aux personnes atteintes de dépression. Participer à des groupes de soutien ou à des programmes structurés dirigés par des pairs peut permettre aux individus de partager leurs expériences, de se sentir entendus et compris, et de recevoir des conseils et des encouragements de personnes qui ont vécu des expériences similaires.

11. Thérapies de soutien familial :

Impliquer la famille dans le traitement de la dépression peut être bénéfique pour les individus et leurs proches. Les thérapies de soutien familial visent à améliorer la communication et les relations familiales, à renforcer le soutien social et à enseigner aux membres de la famille des stratégies pour soutenir efficacement leur proche atteint de dépression.

12. Interventions basées sur les valeurs :

Certaines approches thérapeutiques se concentrent sur l'identification et la clarification des valeurs personnelles et des objectifs de vie. En aidant les individus à se connecter à ce qui est important pour eux et à vivre en accord avec leurs valeurs, ces interventions peuvent renforcer le sens de la signification et de la satisfaction dans la vie, ce qui peut être bénéfique pour la santé mentale.

En choisissant les formes de traitement qui conviennent le mieux à chaque individu et en les intégrant dans un plan de traitement personnalisé, il est possible de surmonter la dépression et de retrouver un sentiment de bien-être et de satisfaction dans la vie. Il est important de travailler en étroite collaboration avec un professionnel de la santé mentale pour élaborer un plan de traitement adapté à chaque personne et pour obtenir le soutien nécessaire tout au long du processus de guérison.

CHAPITRE 4 : ADOPTER UN MODE DE VIE SAIN POUR PRÉVENIR LA DÉPRESSION

"Que ton aliment soit ta seule médecine." – Hippocrate

Un mode de vie sain joue un rôle crucial dans la prévention de la dépression et dans le maintien d'une bonne santé mentale. Cela inclut une alimentation équilibrée riche en nutriments essentiels tels que les acides gras oméga-3, les vitamines et les minéraux, qui sont liés à la santé du cerveau. L'exercice régulier est également bénéfique, car il stimule la libération d'endorphines, des produits chimiques du cerveau qui favorisent le bien-être et réduisent le stress. De plus, le sommeil joue un rôle crucial dans la régulation de l'humeur et du fonctionnement cognitif, il est donc important de viser un sommeil réparateur chaque nuit. Enfin, la gestion du stress est essentielle pour prévenir la dépression, et des techniques telles que la méditation, la respiration profonde et la relaxation musculaire peuvent aider à réduire les niveaux de stress et à favoriser un sentiment de calme et de bien-être. En adoptant un mode de vie sain, il est possible de renforcer la résilience mentale et de réduire le risque de développer une dépression.

Adopter un mode de vie sain peut jouer un rôle essentiel dans la prévention de la dépression. Les habitudes de vie saines peuvent renforcer la résilience mentale, améliorer l'humeur et réduire les risques de développer une dépression. Dans ce chapitre, nous explorerons différentes stratégies et pratiques pour promouvoir le bien-être mental et prévenir la dépression.

1. Alimentation équilibrée :

Une alimentation équilibrée et nutritive peut avoir un impact significatif sur la santé mentale. En favorisant une alimentation riche en fruits, légumes, grains entiers, protéines maigres et graisses saines, on peut fournir à son corps les nutriments essentiels dont il a besoin pour fonctionner correctement. Les aliments riches en acides gras oméga-3, en vitamines B et D, ainsi qu'en antioxydants peuvent particulièrement bénéficier à la santé mentale en contribuant à réduire l'inflammation et à soutenir la fonction cérébrale.

2. Exercice régulier :

L'exercice physique régulier est un puissant antidépresseur naturel. L'activité physique libère des endorphines, des neurotransmetteurs qui agissent comme des analgésiques naturels et améliorent l'humeur. En pratiquant régulièrement une activité physique modérée à intense, comme la marche, la course, la natation ou le yoga, on peut réduire le stress, améliorer la qualité du sommeil et renforcer l'estime de soi.

3. Gestion du stress :

Apprendre à gérer le stress de manière efficace peut aider à prévenir la dépression. Des techniques telles que la relaxation musculaire progressive, la respiration profonde, la méditation et la pleine conscience peuvent aider à réduire les niveaux de stress et à favoriser un sentiment de calme et de bien-être. En identifiant et en évitant les sources de stress dans sa vie, ainsi qu'en adoptant des stratégies pour faire face aux situations stressantes de manière saine et efficace, on peut renforcer sa résilience mentale et réduire les risques de développer une dépression.

4. Sommeil de qualité :

Un sommeil de qualité est essentiel pour une santé mentale optimale. Le sommeil joue un rôle crucial dans la régulation de l'humeur, la consolidation de la mémoire et la régénération des fonctions cérébrales. Pour favoriser un sommeil réparateur, il est important de maintenir une routine de sommeil régulière, de créer un environnement propice au sommeil, et d'adopter des habitudes de relaxation avant le coucher.

5. Socialisation et soutien social :

Maintenir des relations sociales positives et enrichissantes peut également aider à prévenir la dépression. Le soutien social joue un rôle crucial dans la santé mentale en fournissant un réseau de soutien émotionnel, en favorisant un sentiment d'appartenance et en offrant des opportunités de partage d'expériences et de soutien mutuel. En entretenant des relations significatives avec la famille, les amis et la communauté, on peut renforcer sa résilience mentale et se sentir plus soutenu dans les moments difficiles.

6. Limitation de la consommation de substances nocives :

La consommation excessive d'alcool, de tabac et d'autres substances nocives peut aggraver les symptômes de la dépression et augmenter les risques de développer la maladie. Il est donc important de limiter sa consommation de ces substances et de chercher de l'aide en cas de dépendance ou de problème de consommation. En adoptant des habitudes de vie saines et en évitant les substances nocives, on peut protéger sa santé mentale et prévenir la dépression.

7. Pratiques de pleine conscience et de gratitude :

La pleine conscience et la gratitude sont des pratiques puissantes pour cultiver un état d'esprit positif et prévenir la dépression. La pleine conscience consiste à porter attention au moment présent, en observant ses pensées et ses émotions sans les juger. La pratique de la gratitude implique de reconnaître et d'apprécier les aspects positifs de sa vie, même dans les moments difficiles. En intégrant ces pratiques dans sa vie quotidienne, on peut développer une perspective plus positive et résiliente qui peut aider à prévenir la dépression.

8. Engagement dans des activités significatives :

S'impliquer dans des activités qui apportent du sens et de la satisfaction peut contribuer à prévenir la dépression. Que ce soit en poursuivant des hobbies, en s'engageant dans des activités bénévoles, ou en travaillant vers des objectifs personnels, ces activités peuvent renforcer le sentiment d'accomplissement et de connexion sociale, ce qui est essentiel pour maintenir une bonne santé mentale.

9. Auto-compassion et acceptation de soi :

Cultiver l'auto-compassion et l'acceptation de soi peut également jouer un rôle important dans la prévention de la dépression. Apprendre à traiter soi-même avec gentillesse et compassion, à accepter ses imperfections et à faire preuve de bienveillance envers ses propres luttes peut contribuer à renforcer la résilience mentale et à réduire les risques de développer une dépression.

En intégrant ces différentes pratiques dans son mode de vie quotidien, on peut renforcer sa résilience mentale, améliorer son bien-être mental et prévenir la dépression. Il est important de reconnaître que la prévention de la dépression est un processus continu qui nécessite un engagement constant envers le bien-être mental et des efforts pour maintenir des habitudes de vie saines. En prenant soin de soi et en adoptant des stratégies de prévention efficaces, on peut vivre une vie épanouissante et satisfaisante sur le plan mental.

En adoptant un mode de vie sain qui inclut la socialisation, la limitation de la consommation de substances nocives et la

pratique de la pleine conscience et de la gratitude, on peut
prévenir la dépression.

CHAPITRE 5 : SURMONTER LES PENSÉES NÉGATIVES ET LES COMPORTEMENTS DESTRUCTEURS

"Le plus grand voyage est celui qui mène vers l'intérieur." - Lao Tzu

Les pensées négatives et les comportements destructeurs sont des symptômes courants de la dépression, mais il est possible de les surmonter avec les bonnes stratégies.

La thérapie cognitivo--comportementale (TCC) est particulièrement efficace pour identifier et modifier les schémas de pensée négatifs qui contribuent à la dépression. En travaillant avec un thérapeute, les individus peuvent apprendre à reconnaître les pensées irrationnelles et destructrices et à les remplacer par des pensées plus réalistes et positives. De plus, la pleine conscience peut être un outil puissant pour interrompre les cycles de rumination et de préoccupation excessive qui alimentent la dépression.

En se concentrant sur le moment présent et en cultivant une attitude d'acceptation et de bienveillance envers soi-même, il est possible de briser le cycle des pensées négatives et de développer une perspective plus équilibrée et positive sur la vie. En adoptant des comportements sains et en travaillant sur la modification des schémas de pensée négatifs, il est possible de surmonter les symptômes de la dépression et de retrouver un sentiment de contrôle et de bien-être.

Surmonter les pensées négatives et les comportements destructeurs

Les pensées négatives et les comportements destructeurs peuvent souvent être des obstacles majeurs dans la lutte contre la dépression. Dans ce chapitre, nous explorerons des stratégies et des techniques pour identifier, défier et surmonter ces schémas de pensée et de comportement qui contribuent à la détresse émotionnelle.

1. Identification des pensées automatiques négatives :

La première étape pour surmonter les pensées négatives est de les reconnaître. Prenez conscience des pensées automatiques qui surgissent dans votre esprit lorsque vous vous sentez déprimé ou anxieux. Ces pensées peuvent inclure des pensées de désespoir, d'auto-critique ou de dramatisation. Notez-les et examinez-les de manière objective.

2. Défi des pensées irrationnelles :

Une fois que vous avez identifié vos pensées négatives, il est temps de les défier.

Posez-vous des questions telles que : "Est-ce que cette pensée est logique et basée sur des faits ?", "Y a-t-il des preuves pour ou contre cette pensée ?", "Quelle serait une manière plus réaliste de voir cette situation ?". En remettant en question les pensées irrationnelles, vous pouvez commencer à les affaiblir et à les remplacer par des pensées plus positives et réalistes.

3. Pratique de la pleine conscience :

La pleine conscience consiste à être présent dans le moment présent, sans jugement. En pratiquant la pleine conscience, vous pouvez apprendre à observer vos pensées sans vous y accrocher. Lorsque vous remarquez une pensée négative surgir, pratiquez simplement l'observation et laissez-la passer sans vous y attacher. Cela peut vous aider à réduire l'impact émotionnel des pensées négatives et à vous sentir plus détendu et calme.

4. Remplacement des pensées négatives par des affirmations positives :

Remplacez activement les pensées négatives par des affirmations positives. Par exemple, si vous vous surprenez à penser "Je suis un échec", remplacez cette pensée par "Je suis capable et digne de succès". Répétez ces affirmations positives régulièrement pour renforcer votre estime de soi et reprogrammer votre esprit vers des pensées plus constructives.

5. Pratique de l'auto-compassion :

Soyez gentil et compatissant envers vous-même lorsque vous faites face à des pensées négatives. Traitez-vous avec la même compassion que vous offririez à un ami en difficulté. Rappelez-vous que tout le monde a des pensées négatives de temps en temps, et cela ne vous définit pas en tant que personne. En pratiquant l'auto-compassion, vous pouvez apprendre à accepter vos pensées et émotions avec bienveillance, ce qui peut réduire leur pouvoir sur vous.

6. Journalisation des pensées :

Tenir un journal peut être un outil efficace pour identifier et surmonter les pensées négatives. Prenez l'habitude d'écrire vos pensées et émotions chaque jour. Cela vous permettra de mieux comprendre les schémas de pensée récurrents et de repérer les déclencheurs de vos pensées négatives. En identifiant les modèles, vous pouvez commencer à développer des stratégies pour les contrer.

7. Pratique de la restructuration cognitive :

La restructuration cognitive est une technique thérapeutique qui consiste à restructurer activement les pensées négatives pour les rendre plus positives et constructives. Identifiez une pensée négative récurrente et examinez-la sous un nouvel angle. Recherchez des preuves qui soutiennent ou contredisent la pensée, puis réécrivez-la d'une manière plus réaliste et positive. Cette pratique peut vous aider à modifier progressivement vos schémas de pensée automatiques.

8. Développement de stratégies d'adaptation :

Apprenez des stratégies d'adaptation efficaces pour faire face aux situations stressantes et aux émotions négatives. Cela peut inclure des techniques de relaxation, la pratique de la pleine conscience, l'exercice physique, ou le recours à des activités qui vous apportent du plaisir et du réconfort. En développant un répertoire de stratégies d'adaptation saines, vous pouvez mieux faire face aux défis de la vie et réduire votre vulnérabilité aux pensées négatives.

9. Recherche d'aide professionnelle :

Si vous avez du mal à surmonter vos pensées négatives et que cela affecte significativement votre qualité de vie, n'hésitez pas à demander de l'aide professionnelle. Un thérapeute qualifié peut vous fournir un soutien et des stratégies supplémentaires pour surmonter les pensées négatives et les comportements destructeurs. La thérapie cognitivo--comportementale (TCC) est particulièrement efficace pour traiter les schémas de pensée négatifs et les troubles de l'humeur.

10. Pratique de la résilience émotionnelle :

La résilience émotionnelle consiste à développer la capacité de faire face aux défis et aux adversités avec force et flexibilité. Cultivez la résilience émotionnelle en développant un réseau de soutien solide, en apprenant à réguler vos émotions de manière saine, et en adoptant une attitude optimiste face aux difficultés. En renforçant votre résilience émotionnelle, vous pouvez mieux faire face aux pensées négatives et rebondir face aux revers de la vie.

11. Reconnaissance des réussites et des progrès :

Prenez le temps de reconnaître et de célébrer vos réussites et vos progrès, aussi petits soient-ils. Chaque étape vers la surmontée des pensées négatives et des comportements destructeurs est un pas dans la bonne direction. En vous concentrant sur vos succès, vous renforcez votre estime de soi et votre motivation pour continuer à progresser vers le bien-être mental.

12. Pratique de la compassion envers les autres :

Cultivez la compassion envers les autres comme moyen de contrer les pensées négatives centrées sur soi. En se concentrant sur les besoins et les souffrances des autres, vous pouvez élargir votre perspective et vous sentir plus connecté à votre communauté. Participer à des actes de gentillesse et de service peut renforcer votre sentiment d'accomplissement et vous aider à vous sentir plus positif et épanoui.

13. Engagement dans des activités qui apportent du sens :

Cherchez des activités qui vous apportent du sens et de la satisfaction dans la vie. Que ce soit la création artistique, le bénévolat, ou le développement personnel, investir du temps dans des activités qui résonnent avec vos valeurs et vos intérêts peut renforcer votre sentiment de but et vous aider à surmonter les pensées négatives.

14. Évitement des déclencheurs de pensées négatives :

Identifiez les situations, les environnements ou les personnes qui déclenchent vos pensées négatives et cherchez à les éviter dans la mesure du possible. Si certaines situations sont inévitables, développez des stratégies pour les affronter de manière constructive, en utilisant des techniques de gestion du stress et en vous entourant de soutien lorsque cela est nécessaire.

15. Éducation continue et développement personnel :

Investissez dans votre éducation et votre développement personnel pour renforcer votre confiance en vous et votre résilience mentale. Que ce soit par le biais de la lecture, de la formation, ou de la participation à des ateliers et des séminaires, continuez à apprendre et à grandir en tant qu'individu. Plus vous êtes équipé de connaissances et de compétences, plus vous vous sentirez capable de surmonter les défis de la vie.

En mettant en pratique ces stratégies et en adoptant une approche proactive pour contrer les pensées négatives, vous pouvez progressivement réduire leur impact sur votre vie et renforcer votre bien-être mental. N'oubliez pas que la guérison et le changement prennent du temps, alors soyez patient avec vous-même et continuez à avancer un pas à la fois vers une vie plus épanouissante et équilibrée sur le plan mental.

En intégrant ces pratiques dans votre vie quotidienne, vous pouvez surmonter les pensées négatives et les comportements destructeurs qui alimentent la dépression. Rappelez-vous que le chemin vers le bien-être mental peut être long et difficile, mais avec persévérance, soutien et engagement envers votre propre guérison, vous pouvez créer une vie pleine de sens, de satisfaction et de bonheur.

CHAPITRE 6 : RENFORCER LES RELATIONS SOCIALES ET LE SOUTIEN ÉMOTIONNEL

"Un véritable ami est celui qui marche à vos côtés dans l'obscurité et la lumière." - Helen Keller

Les relations sociales jouent un rôle crucial dans la prévention et le traitement de la dépression. Le soutien émotionnel et la connexion avec les autres peuvent aider à réduire le stress, à renforcer l'estime de soi et à favoriser un sentiment de bien-être général. Il est donc important de cultiver des relations saines et enrichissantes avec des amis, de la famille et d'autres membres de la communauté. Cela peut impliquer de prendre des mesures pour renforcer les liens existants, comme passer du temps de qualité ensemble et communiquer ouvertement sur ses sentiments. De plus, il peut être utile de chercher un soutien professionnel, que ce soit par le biais d'une thérapie individuelle, de groupes de soutien ou de lignes d'assistance téléphonique. Parler à quelqu'un de ses luttes peut être un premier pas important vers la guérison et peut fournir une perspective et des conseils utiles. En renforçant les relations sociales et en recherchant un soutien émotionnel, il est possible de se sentir moins seul et plus soutenu dans la lutte contre la dépression.

Renforcer les relations sociales et le soutien émotionnel

Les relations sociales et le soutien émotionnel jouent un rôle crucial dans notre bien-être mental et émotionnel. Dans ce chapitre, nous explorerons l'importance de renforcer les relations sociales et les stratégies pour cultiver un soutien émotionnel solide.

1. Maintenir des relations de qualité :

Investissez du temps et de l'énergie dans vos relations avec vos amis, votre famille et vos proches. Prenez des initiatives pour rester en contact, organisez des rencontres régulières et soyez présent pour soutenir ceux qui vous sont chers dans les bons moments comme dans les mauvais.

2. Communication ouverte et honnête :

Favorisez une communication ouverte et honnête dans vos relations. Exprimez vos sentiments, vos besoins et vos préoccupations de manière respectueuse et écoutez activement les autres. La communication efficace est essentielle pour renforcer la confiance, la compréhension mutuelle et la résolution de conflits.

3. Participation à des activités sociales :

Impliquez-vous dans des activités sociales et des groupes d'intérêt qui vous permettent de rencontrer de nouvelles personnes et de développer des amitiés. Rejoignez des clubs, des associations ou des groupes de loisirs où vous pouvez partager des passions communes et tisser des liens avec d'autres personnes partageant les mêmes intérêts.

4. Offrir et recevoir du soutien :

Soyez disposé à offrir du soutien émotionnel à vos proches lorsque c'est nécessaire, mais n'oubliez pas de recevoir également du soutien lorsque vous en avez besoin. Laissez vos amis et votre famille vous aider et soutenir en période de difficultés. Accepter le soutien des autres renforce les liens et favorise un sentiment de connexion et de sécurité émotionnelle.

5. Cultiver l'empathie et la compréhension :

Cultivez l'empathie envers les autres en vous mettant à leur place et en essayant de comprendre leurs expériences et leurs émotions. Montrez de l'intérêt et de l'attention envers les personnes qui vous entourent et soyez prêt à les soutenir dans leurs défis et leurs succès. La compassion renforce les liens sociaux et favorise un climat de confiance et de bienveillance.

6. Planification d'activités sociales régulières :

Prenez l'initiative d'organiser des activités sociales régulières avec vos amis et votre famille. Que ce soit un dîner entre amis, une soirée jeux de société, ou une sortie en plein air, planifiez des moments de qualité pour renforcer les liens sociaux et créer des souvenirs précieux ensemble.

7. Participation à des groupes de soutien :

Rejoignez des groupes de soutien ou des communautés en ligne où vous pouvez trouver du soutien et de l'entraide auprès de personnes partageant des expériences similaires. Les groupes de soutien offrent un espace sûr pour partager vos défis et vos succès, recevoir des conseils et des encouragements, et se sentir soutenu dans votre parcours.

8. Exprimer sa gratitude et son appréciation :

Exprimez régulièrement votre gratitude et votre appréciation envers vos proches pour leur soutien et leur présence dans votre vie. Un simple "merci" ou un geste de gentillesse peut renforcer les liens et renforcer le sentiment de connexion et d'amour mutuel.

9. Établissement de limites saines :

Établissez des limites saines dans vos relations sociales pour protéger votre bien-être émotionnel. Apprenez à dire non lorsque vous avez besoin de temps pour vous-même ou lorsque vous vous sentez dépassé par les demandes des autres. Respectez vos propres besoins et assurez-vous de prendre soin de votre santé mentale et émotionnelle.

10. Conservation des relations positives :
Identifiez les relations qui vous apportent du soutien et du bonheur et investissez-y votre temps et votre énergie. Nourrissez et entretenez ces relations en leur accordant une attention et un soutien continus. Les relations positives sont une source précieuse de soutien émotionnel et de bien-être.

11. Développement de compétences en communication :

Améliorez vos compétences en communication pour renforcer vos relations sociales. Apprenez à écouter activement, à exprimer vos besoins et vos émotions de manière claire et respectueuse, et à résoudre les conflits de manière constructive. Une communication efficace est essentielle pour établir des relations saines et enrichissantes.

12. Exploration de nouvelles relations :
Soyez ouvert à rencontrer de nouvelles personnes et à élargir votre cercle social. Explorez de nouveaux environnements sociaux, participez à des événements communautaires ou rejoignez des clubs et des associations qui vous intéressent. Les nouvelles relations peuvent apporter de nouvelles perspectives, de nouvelles opportunités et de nouveaux soutiens dans votre vie.

13. Pratique de l'écoute active :
Cultivez l'habitude de l'écoute active dans vos interactions sociales. Soyez présent et attentif lorsque vous parlez avec les autres, posez des questions ouvertes pour approfondir votre compréhension, et montrez de l'empathie envers leurs expériences et leurs sentiments. L'écoute active renforce les liens et favorise une communication authentique et significative.

14. Partage d'activités et d'intérêts communs :

Partagez des activités et des intérêts communs avec vos amis et votre famille pour renforcer les liens sociaux. Que ce soit en pratiquant un sport ensemble, en participant à un projet commun, ou en partageant un passe-temps, le partage d'activités renforce le sentiment de connexion et de complicité entre les individus.

15. Soutien professionnel si nécessaire :

Si vous éprouvez des difficultés à renforcer vos relations sociales ou à trouver du soutien émotionnel, n'hésitez pas à chercher de l'aide professionnelle. Un thérapeute qualifié peut vous fournir un soutien supplémentaire et des conseils pour améliorer vos compétences sociales, surmonter les obstacles relationnels et renforcer votre bien-être émotionnel.

16. Pratique de la gratitude dans les relations :

Cultivez un état d'esprit de gratitude dans vos relations sociales en reconnaissant et en appréciant les personnes qui vous entourent. Exprimez régulièrement votre gratitude pour leur présence, leur soutien et leur amour. La gratitude renforce les liens affectifs et favorise un climat de positivité et d'appréciation mutuelle.

17. Participation à des activités philanthropiques :

Impliquez-vous dans des activités philanthropiques ou des œuvres caritatives pour renforcer vos relations sociales et votre sentiment de connexion avec la communauté. La participation à des actions bénévoles ou à des projets humanitaires vous permet de rencontrer de nouvelles personnes partageant les mêmes valeurs et de contribuer positivement au bien-être collectif.

18. Encouragement et soutien mutuel :

Soutenez activement vos amis et vos proches dans la poursuite de leurs objectifs et de leurs rêves. Encouragez-les dans leurs réussites, soyez présent pour les soutenir dans leurs défis et offrez-leur votre aide lorsque cela est nécessaire. Le soutien mutuel renforce les relations et favorise un sentiment de solidarité et d'appartenance.

19. Réconciliation et pardon :

Soyez prêt à faire des efforts pour résoudre les conflits et les malentendus dans vos relations. Pratiquez le pardon et la réconciliation lorsque cela est possible, afin de préserver les liens affectifs et de favoriser une communication ouverte et respectueuse. Le pardon libère de l'amertume et de la rancœur, et permet de renforcer les relations sur des bases saines.

20. Priorisation du temps passé ensemble :

Accordez une importance significative au temps passé ensemble avec vos proches. Faites de la qualité du temps passé ensemble une priorité, en vous engageant pleinement dans les interactions sociales, en partageant des moments de joie et de complicité, et en créant des souvenirs précieux qui renforcent les liens affectifs.

En mettant en pratique ces stratégies, vous pouvez renforcer vos relations sociales et votre soutien émotionnel, ce qui contribue à votre bien-être mental et à votre qualité de vie globale. N'oubliez pas que les relations sont un investissement précieux qui nécessite du temps, de l'effort et de l'attention, mais les récompenses en termes de soutien, de connexion et de bonheur sont inestimables.

CHAPITRE 7 : PRATIQUER LA PLEINE CONSCIENCE ET LA GESTION DU STRESS

"La pleine conscience n'est pas un luxe, c'est une nécessité."
- Dalai Lama

La pleine conscience, ou la pratique de l'attention consciente au moment présent, est devenue de plus en plus reconnue comme un outil puissant pour traiter la dépression et réduire le stress.

En se concentrant sur les sensations physiques, les pensées et les émotions présentes, la pleine conscience peut aider à calmer l'esprit et à cultiver un sentiment de calme et de clarté. Des techniques telles que la méditation de pleine conscience, la respiration consciente et la marche méditative peuvent être particulièrement efficaces pour réduire les symptômes de la dépression et améliorer le bien-être émotionnel. De plus, la gestion du stress est essentielle pour prévenir les rechutes et maintenir une santé mentale optimale. Cela peut impliquer de pratiquer des techniques de relaxation, comme la respiration profonde, la visualisation guidée ou le yoga, ainsi que d'identifier et de modifier les sources de stress dans sa vie. En intégrant la pleine conscience et la gestion du stress dans sa routine quotidienne, il est possible de renforcer sa résilience mentale et de mieux faire face aux défis de la vie.

Pratiquer la pleine conscience et la gestion du stress

La pleine conscience et la gestion du stress sont des compétences essentielles pour maintenir un bien-être mental et émotionnel. Dans ce chapitre, nous explorerons l'importance de la pleine conscience et des stratégies pour gérer efficacement le stress au quotidien.

1. Introduction à la pleine conscience:

La pleine conscience consiste à être pleinement présent et conscient de l'instant présent, sans jugement. Cela implique de porter une attention ouverte et attentive à ses pensées, ses émotions, ses sensations physiques et son environnement immédiat. La pratique de la pleine conscience permet de développer une conscience accrue de soi-même et de son expérience, ce qui peut aider à réduire le stress et à cultiver un état d'esprit calme et équilibré.

2. Techniques de respiration consciente :

La respiration consciente est l'une des techniques de pleine conscience les plus accessibles et efficaces. Prenez régulièrement des pauses pour vous concentrer sur votre respiration, en observant le flux et le reflux de l'air dans votre corps. La respiration consciente peut vous aider à vous centrer, à calmer votre esprit et à réduire les tensions physiques et émotionnelles associées au stress.

3. Pratique de la méditation de pleine conscience :

La méditation de pleine conscience est une pratique formelle qui implique de consacrer du temps chaque jour à s'asseoir tranquillement et à observer ses pensées et ses sensations corporelles. En méditant régulièrement, vous pouvez entraîner votre esprit à rester présent et à cultiver un état de calme intérieur qui vous aide à faire face au stress de manière plus efficace.

4. Attention portée au moment présent :

Pratiquez l'attention portée au moment présent dans vos activités quotidiennes. Que ce soit en mangeant, en marchant, en prenant une douche ou en faisant la vaisselle, essayez d'être pleinement présent à chaque instant, en vous concentrant sur les sensations et les expériences de l'instant présent. L'attention portée au moment présent peut vous aider à vous détacher des soucis futurs ou des regrets passés, et à vous ancrer dans le moment présent.

5. Gestion du stress par la pleine conscience :

Utilisez la pleine conscience comme outil de gestion du stress dans les moments difficiles. Lorsque vous vous sentez stressé ou submergé par les émotions, prenez quelques instants pour pratiquer la pleine conscience, en vous concentrant sur votre respiration ou en observant vos pensées sans vous y accrocher. Cette pratique peut vous aider à prendre du recul par rapport au stress et à réagir de manière plus calme et plus réfléchie.

6. Exploration des sensations corporelles :

Pratiquez régulièrement l'exploration des sensations corporelles pour développer une conscience accrue de votre corps et de ses réactions au stress. Prenez quelques instants pour scanner votre corps de la tête aux pieds, en observant les sensations de tension, de détente ou d'inconfort. Cette pratique vous aide à identifier les zones de tension et à relâcher consciemment les tensions accumulées.

7. Gestion du stress par la pleine conscience de l'environnement :

Utilisez l'environnement qui vous entoure comme point d'ancrage pour la pleine conscience. Pratiquez l'observation attentive de votre environnement, en vous concentrant sur les sons, les odeurs, les couleurs et les textures qui vous entourent. Cette pratique vous aide à vous recentrer et à vous détendre, même dans des environnements stressants ou chaotiques.

8. Pratique régulière et cohérente :

Pour bénéficier pleinement des bienfaits de la pleine conscience et de la gestion du stress, pratiquez régulièrement et de manière cohérente. Consacrez du temps chaque jour à la pratique de la pleine conscience, même si ce n'est que quelques minutes. Plus vous pratiquez, plus vous renforcez votre capacité à rester présent et calme face aux défis de la vie.

9. Formation à la gestion du stress :

Envisagez de suivre une formation à la gestion du stress ou un programme de réduction du stress basé sur la pleine conscience. Ces programmes offrent une structure et des techniques éprouvées pour développer vos compétences en matière de pleine conscience et de gestion du stress, ainsi que des conseils pratiques pour intégrer ces pratiques dans votre vie quotidienne.

10. Soutien communautaire et partage d'expériences :

Recherchez le soutien d'une communauté ou d'un groupe de pratique de la pleine conscience pour partager vos expériences, recevoir des conseils et des encouragements, et renforcer votre engagement envers la pratique. Le partage d'expériences avec d'autres praticiens de la pleine conscience peut vous aider à rester motivé et engagé dans votre parcours de développement personnel.

En mettant en pratique ces stratégies et en cultivant une attitude de présence consciente dans votre vie quotidienne, vous pouvez développer des compétences puissantes pour gérer le stress et améliorer votre bien-être mental et émotionnel. La pleine conscience offre un chemin vers la paix intérieure et la résilience face aux défis de la vie, vous permettant de vivre pleinement et en harmonie avec vous-même et votre environnement.

En intégrant ces pratiques dans votre quotidien, vous pouvez développer une capacité accrue à gérer le stress et à cultiver un état de bien-être mental et émotionnel. La pleine conscience vous offre un moyen puissant de rester ancré dans le moment présent et de répondre aux défis de la vie avec calme, clarté et résilience.

CHAPITRE 8 : CRÉER UN PLAN DE RÉCUPÉRATION DURABLE POUR MAINTENIR LA SANTÉ MENTALE

"Le plus grand cadeau que vous puissiez offrir à votre famille et au monde est un vous-même en bonne santé." - Joyce Meyer

La guérison de la dépression est un processus continu qui nécessite un engagement à long terme envers le bien-être mental. Pour maintenir les progrès réalisés et prévenir les rechutes, il est important de créer un plan de récupération durable. Cela peut inclure l'identification des déclencheurs potentiels de la dépression et le développement de stratégies pour y faire face de manière proactive.

Par exemple, il peut être utile de mettre en place un réseau de soutien solide, de maintenir des habitudes de vie saines, telles qu'une alimentation équilibrée, de l'exercice régulier et suffisamment de sommeil, et de continuer à pratiquer des techniques de gestion du stress et de pleine conscience. De plus, il est important de rester en contact avec un professionnel de la santé mentale pour surveiller les symptômes et ajuster le plan de traitement au besoin. En s'engageant à prendre soin de sa santé mentale à long terme, il est possible de maintenir les progrès réalisés et de continuer à vivre une vie épanouissante et significative malgré les défis de la dépression.

Créer un plan de récupération durable pour maintenir la santé mentale

La santé mentale est une composante essentielle de notre bien-être global. Pour maintenir une santé mentale optimale, il est crucial de mettre en place un plan de récupération durable qui englobe divers aspects de notre vie. Dans ce chapitre, nous explorerons les étapes pour créer un tel plan.

1. Évaluation de la situation actuelle :

Commencez par évaluer votre situation actuelle en termes de santé mentale. Identifiez les facteurs de stress, les habitudes néfastes et les signes de détresse mentale que vous rencontrez. Cette étape vous permettra de comprendre vos besoins et de déterminer les domaines sur lesquels vous devez vous concentrer dans votre plan de récupération.

2. Identification des ressources de soutien :

Identifiez les ressources de soutien disponibles dans votre vie, qu'il s'agisse de membres de la famille, d'amis, de professionnels de la santé mentale, ou de groupes de soutien. Ces personnes et ces services peuvent jouer un rôle crucial dans votre processus de récupération en vous fournissant un soutien émotionnel, des conseils et des soins spécialisés lorsque cela est nécessaire.

3. Développement de stratégies d'auto-soin :

Développez des stratégies d'auto-soin pour prendre soin de votre santé mentale au quotidien. Cela peut inclure des pratiques de pleine conscience, de gestion du stress, de relaxation, d'exercice physique régulier, d'alimentation saine et équilibrée, ainsi que le maintien de bonnes habitudes de sommeil. Ces stratégies renforcent votre résilience mentale et vous aident à faire face aux défis de la vie avec plus de sérénité et de vitalité.

4. Établissement d'objectifs de bien-être mental :

Définissez des objectifs spécifiques pour améliorer votre bien-être mental et émotionnel. Ces objectifs peuvent être axés sur la réduction du stress, l'amélioration de l'estime de soi, la gestion des émotions, le renforcement des relations sociales, ou la poursuite de passions et d'activités qui vous apportent du plaisir et du sens. Fixez des objectifs réalisables et progressez à votre propre rythme vers une santé mentale optimale.

5. Création d'un plan d'action personnalisé :

Créez un plan d'action personnalisé qui intègre toutes les stratégies et les ressources identifiées précédemment. Organisez vos objectifs de bien-être mental, les activités d'auto-soin et les ressources de soutien dans un plan structuré et réalisable. Assurez-vous d'inclure des mesures spécifiques pour évaluer votre progrès et ajuster votre plan en fonction de vos besoins changeants.

6. Mise en œuvre et suivi régulier :

Mettez en œuvre votre plan de récupération et engagez-vous à le suivre régulièrement. Consacrez du temps chaque jour à vos pratiques d'auto-soin, à la connexion avec vos ressources de soutien, et à la poursuite de vos objectifs de bien-être mental. Faites des ajustements au besoin et restez ouvert aux nouvelles stratégies et aux opportunités de croissance personnelle.

7. Recherche de professionnels de la santé mentale si nécessaire :

Si vous éprouvez des difficultés persistantes ou si vous rencontrez des obstacles dans votre plan de récupération, n'hésitez pas à rechercher l'aide de professionnels de la santé mentale qualifiés. Les thérapeutes, les psychologues, les psychiatres et les conseillers peuvent fournir un soutien spécialisé et des interventions thérapeutiques pour vous aider à surmonter les défis et à atteindre vos objectifs de bien-être mental.

8. Intégration de pratiques de gestion du temps et du stress :

Intégrez des pratiques de gestion du temps et du stress dans votre quotidien pour maintenir un équilibre sain entre vos responsabilités et votre bien-être mental. Utilisez des techniques telles que la planification des tâches, la délégation des responsabilités, la prise de pauses régulières et la fixation de limites claires pour éviter la surcharge de travail et le stress excessif.

9. Favorisation de la flexibilité et de l'adaptabilité :

Cultivez une attitude de flexibilité et d'adaptabilité face aux défis et aux changements de la vie. Acceptez que des imprévus et des obstacles puissent survenir, et apprenez à vous ajuster et à rebondir avec résilience. La flexibilité mentale vous permet de mieux gérer le stress et de trouver des solutions créatives aux problèmes qui se présentent.

10. Création d'un environnement de soutien :

Entourez-vous d'un environnement de soutien positif qui favorise votre bien-être mental. Créez des relations saines et enrichissantes avec des personnes qui vous soutiennent et vous encouragent dans votre parcours de récupération. Évitez les environnements toxiques ou les relations néfastes qui pourraient compromettre votre santé mentale et votre épanouissement personnel.

11. Engagement dans des activités enrichissantes et significatives :

Engagez-vous dans des activités qui nourrissent votre esprit et votre âme, et qui vous apportent du plaisir et du sens dans la vie. Que ce soit la pratique d'un hobby, l'exploration de nouvelles passions, ou la participation à des activités communautaires, investissez du temps dans ce qui vous inspire et vous rend heureux.

12. Pratique de la gratitude et de la mindfulness :

Cultivez une attitude de gratitude et de pleine conscience dans votre vie quotidienne. Prenez régulièrement le temps de reconnaître et d'apprécier les petites joies et les bénédictions qui vous entourent. La gratitude et la pleine conscience vous aident à rester ancré dans le moment présent et à apprécier pleinement les merveilles de la vie.

13. Favoriser un équilibre entre travail et vie personnelle :

Priorisez l'équilibre entre votre vie professionnelle et votre vie personnelle pour préserver votre santé mentale. Fixez des limites claires entre le travail et le temps de repos, et accordez-vous des moments de détente et de loisirs pour recharger vos batteries. Un équilibre sain contribue à réduire le stress et à favoriser un bien-être mental durable.

14. Cultiver des relations sociales saines et enrichissantes :

Investissez dans des relations sociales qui vous apportent du soutien, de la joie et de la connexion humaine. Entretenez des amitiés significatives, renforcez les liens familiaux et participez à des activités sociales qui nourrissent votre bien-être émotionnel. Les relations positives sont un pilier essentiel de la santé mentale et du bonheur.

15. Pratiquer l'auto-compassion et l'acceptation de soi :

Faites preuve de compassion envers vous-même et acceptez-vous avec bienveillance, y compris vos imperfections et vos défauts. Pratiquez l'auto-compassion en vous parlant avec gentillesse et en cultivant un amour inconditionnel envers vous-même. L'acceptation de soi favorise une estime de soi positive et renforce votre résilience face aux difficultés de la vie.

16. Maintenir une routine de soins personnels :

Prenez soin de votre corps et de votre esprit en maintenant une routine de soins personnels régulière. Accordez de l'importance à l'hygiène personnelle, à l'activité physique, à une alimentation équilibrée et à des temps de repos adéquats. Une bonne hygiène de vie renforce votre santé mentale et votre bien-être général.

17. Trouver du sens et de la signification dans la vie :

Recherchez des sources de sens et de signification dans votre vie, que ce soit à travers des valeurs personnelles, des croyances spirituelles, ou des objectifs et des aspirations qui vous inspirent. Trouver un sens profond dans ce que vous faites, vous donne un sentiment de direction et de satisfaction, ce qui contribue à une santé mentale équilibrée.

18. Prévenir la rechute en surveillant les signes précurseurs :

Restez vigilant envers les signes précurseurs de rechute ou de détérioration de votre santé mentale. Apprenez à reconnaître les signaux d'alarme tels que les changements d'humeur, les troubles du sommeil ou les pensées négatives récurrentes, et prenez des mesures préventives pour y faire face dès qu'ils se manifestent.

19. Cultiver la gratitude et la positivité :

Pratiquez la gratitude régulièrement en reconnaissant les aspects positifs de votre vie, même dans les moments difficiles. Prenez le temps de noter chaque jour ce pour quoi vous êtes reconnaissant, ce qui vous permettra de cultiver une perspective positive et de renforcer votre résilience mentale face aux défis.

20. Équilibrer les activités stimulantes et apaisantes :

Veillez à équilibrer votre emploi du temps avec des activités stimulantes et des activités apaisantes. Alternez entre des activités qui vous défient intellectuellement ou physiquement et des activités qui vous permettent de vous détendre et de vous ressourcer. Cette variété contribue à maintenir votre bien-être mental en évitant l'épuisement et en favorisant l'équilibre émotionnel.

21. Établir des limites saines :

Définissez des limites claires dans vos relations et vos engagements pour préserver votre énergie mentale et émotionnelle. Apprenez à dire non lorsque vous êtes surchargé ou lorsque vos limites sont dépassées, et priorisez vos propres besoins et votre bien-être. Établir des limites saines vous permet de prévenir le stress et de maintenir une santé mentale équilibrée.

22. Célébrer les petites victoires :

Célébrez chaque petite victoire et chaque progrès que vous faites dans votre parcours de récupération. Reconnaître vos réalisations, même les plus modestes, renforce votre estime de soi et vous encourage à persévérer dans vos efforts pour maintenir votre santé mentale. La célébration des réussites contribue à maintenir une attitude positive et motivée.

23. Pratiquer la compassion envers les autres :

Cultivez la compassion envers les autres en offrant votre soutien, votre écoute et votre empathie à ceux qui en ont besoin. Engagez-vous dans des actes de gentillesse et de générosité envers les autres, ce qui renforce les liens sociaux et favorise un sentiment de connexion et de bien-être collectif.

24. Faire preuve de flexibilité mentale :

Développez une flexibilité mentale en adoptant une perspective ouverte et adaptable face aux défis et aux changements de la vie. Soyez prêt à ajuster vos attentes et vos plans en fonction des circonstances, et trouvez des solutions créatives aux obstacles qui se présentent. La flexibilité mentale vous aide à vous adapter aux situations changeantes et à maintenir votre équilibre émotionnel.

En intégrant ces éléments dans votre plan de récupération, vous pouvez créer un cadre solide pour maintenir votre santé mentale à long terme. Restez engagé dans votre parcours de bien-être mental et n'hésitez pas à ajuster votre plan en fonction de vos besoins et de votre évolution personnelle. Avec une approche holistique et durable, vous pouvez continuer à cultiver une vie épanouissante et équilibrée sur le plan mental, émotionnel et spirituel.

PARTIE PRATIQUE :

"Le changement commence par l'action, et chaque petit pas compte dans le chemin vers la guérison."

"La pratique est le meilleur des maîtres." - Jacques Roumain

"La pratique est la clé de la maîtrise. Plus vous pratiquez, plus vous devenez fort." - Robin Sharma

"La pratique n'est pas tout, mais sans pratique, tout est rien." - Proverbe japonais

EXERCICE D'AUTO-OBSERVATION : RECONNAÎTRE LES SIGNES DE LA DÉPRESSION

Tenir un Journal de Dépression

Consignes :

1. Choisissez un Carnet ou un Journal : Sélectionnez un carnet ou un journal que vous utiliserez spécifiquement pour cet exercice. Assurez-vous qu'il soit facilement accessible et que vous puissiez y écrire librement.

2. Planifiez une Semaine d'Observation : Déterminez une semaine au cours de laquelle vous allez consigner vos pensées, vos émotions et vos comportements. Choisissez une période où vous pouvez vous engager à être cohérent dans votre journalisation.

3. Début de la Journalisation : Au début de chaque journée, prenez quelques instants pour écrire la date et l'heure dans votre carnet. Cela vous aidera à garder une trace chronologique de vos observations.

4. Comparaison des Pensées et des Émotions : À différents moments de la journée, prenez l'habitude de vous arrêter et de réfléchir à ce que vous ressentez et à ce que vous pensez. Notez ces pensées et émotions dans votre journal, en essayant d'être aussi précis que possible.

5. Identifier les Signes de Dépression : Mettez l'accent sur la reconnaissance des signes potentiels de dépression. Notez tout changement significatif dans votre humeur, votre niveau

d'énergie, votre appétit, vos habitudes de sommeil et votre motivation. Soyez attentif aux schémas récurrents ou aux déclencheurs spécifiques qui pourraient contribuer à votre état émotionnel.

6. Exploration des Déclencheurs : Enregistrez également les situations ou les événements qui déclenchent des émotions négatives ou des pensées pessimistes. Essayez d'identifier les facteurs externes ou internes qui peuvent influencer votre bien-être émotionnel.

7. Réflexion et Analyse : À la fin de chaque journée, prenez un moment pour relire ce que vous avez consigné dans votre journal. Réfléchissez sur vos observations et essayez de déceler des schémas ou des tendances émergentes. Cette réflexion peut vous aider à mieux comprendre votre état émotionnel et à prendre des mesures pour gérer la dépression.

8. Continuité et Engagement : Engagez-vous à poursuivre cet exercice de journalisation pendant toute la semaine, même si cela peut parfois sembler difficile. La cohérence dans l'observation de vos pensées et de vos émotions est essentielle pour obtenir des informations significatives sur votre santé mentale.

En suivant ces consignes et en tenant un journal de dépression de manière diligente, vous pouvez mieux reconnaître les signes de la dépression et prendre des mesures pour améliorer votre bien-être émotionnel.

EXERCICE D'EXPLORATION : COMPRENDRE LES CAUSES SOUS-JACENTES DE LA DÉPRESSION

Cartographie des Événements de Vie

Consignes :

1. Préparation du Matériel : Munissez-vous d'un carnet ou d'un journal et d'un stylo. Choisissez un moment et un endroit calmes où vous pourrez réfléchir en toute tranquillité.

2. Réflexion sur les Événements de Vie : Prenez quelques instants pour réfléchir aux événements de votre vie, en mettant l'accent sur les moments qui ont été particulièrement difficiles ou stressants. Pensez à des événements récents ainsi qu'à des expériences passées qui pourraient avoir laissé une empreinte émotionnelle.

3. Écriture des Événements : Commencez à écrire une liste des événements de vie que vous avez identifiés. Essayez d'être aussi spécifique que possible, en incluant des détails sur chaque événement et sur la manière dont il vous a affecté émotionnellement.

4. Exploration des Facteurs Sous-Jacents : Pour chaque événement de vie répertorié, essayez d'identifier les facteurs sous-jacents qui ont contribué à sa survenue ou à son impact émotionnel. Cela peut inclure des éléments tels que des changements dans les relations, le travail, la santé, les finances ou d'autres aspects de votre vie.

5. Analyse des Modèles : Une fois que vous avez énuméré plusieurs

événements de vie et leurs facteurs sous-jacents, prenez du recul et examinez les modèles ou les tendances qui émergent. Y a-t-il des thèmes communs qui se dégagent, comme des périodes de stress intense, des transitions majeures ou des conflits relationnels ?

6. Réflexion sur l'Impact Émotionnel : Réfléchissez également à la manière dont ces événements de vie ont affecté votre bien-être émotionnel et votre santé mentale. Prenez note des émotions qui ont été déclenchées par ces événements et de la durée pendant laquelle vous avez ressenti ces émotions.

7. Développement de la Compréhension : Utilisez cette analyse pour développer une compréhension plus profonde des causes sous-jacentes de votre dépression. Essayez de voir comment les événements de vie et les facteurs associés peuvent avoir contribué à votre état émotionnel actuel.

8. Perspective et Acceptation : Enfin, adoptez une perspective de compassion envers vous-même et reconnaissez que les épreuves de la vie peuvent être difficiles à surmonter. Acceptez que votre dépression puisse avoir des causes multiples et complexes, et soyez ouvert à explorer des solutions et des stratégies pour améliorer votre bien-être émotionnel.

En suivant ces consignes et en explorant les causes sous-jacentes de votre dépression de manière réfléchie et compatissante, vous pouvez acquérir une meilleure compréhension de votre santé mentale et prendre des mesures pour cultiver le bien-être intérieur.

EXERCICE D'EXPLORATION : LES DIFFÉRENTES FORMES DE TRAITEMENT POUR LA DÉPRESSION

Exploration des Options de Traitement

Consignes :

1. Recherche Préliminaire : Commencez par effectuer des recherches sur les différentes options de traitement disponibles pour la dépression. Cela peut inclure des approches médicales, thérapeutiques, holistiques et complémentaires.

2. Création d'une Liste : Établissez une liste des options de traitement que vous avez identifiées, en incluant des détails sur chaque approche, ses avantages potentiels et ses limites.

3. Auto-Évaluation : Passez en revue la liste des options de traitement et réfléchissez à votre propre situation, à vos préférences personnelles et à vos besoins individuels en matière de santé mentale.

4. Identification des Préférences : Identifiez les options de traitement qui semblent les plus adaptées à votre situation et qui suscitent votre intérêt. Soyez ouvert à explorer différentes approches et à considérer des combinaisons de traitements pour répondre à vos besoins uniques.

5. Consultation avec un Professionnel : Si nécessaire, envisagez de consulter un professionnel de la santé mentale pour discuter

des options de traitement et obtenir des recommandations personnalisées en fonction de votre situation.

6. Élaboration d'un Plan : Sur la base de vos recherches et de vos discussions avec des professionnels de la santé, élaborez un plan de traitement personnalisé. Incluez des objectifs spécifiques, des étapes réalisables et des ressources de soutien pour vous aider à mettre en œuvre votre plan.

7. Mise en Œuvre du Plan : Commencez à mettre en œuvre votre plan de traitement, en suivant les recommandations et les directives établies. Soyez engagé et cohérent dans votre approche pour maximiser les résultats.

8. Évaluation et Ajustement : Évaluez régulièrement les progrès que vous faites dans votre traitement et soyez prêt à ajuster votre plan si nécessaire. Restez ouvert à de nouvelles approches et à de nouvelles stratégies qui pourraient vous aider à atteindre vos objectifs de santé mentale.

En suivant ces consignes et en explorant activement les différentes options de traitement pour la dépression, vous pouvez identifier des stratégies efficaces pour améliorer votre bien-être émotionnel et retrouver une qualité de vie optimale.

EXERCICE D'ADOPTION D'UN MODE DE VIE SAIN POUR PRÉVENIR LA DÉPRESSION

Création d'un Plan de Vie Équilibré

Consignes :

1. Évaluation de l'État Actuel : Prenez un moment pour évaluer votre mode de vie actuel, y compris vos habitudes alimentaires, votre niveau d'activité physique, votre gestion du stress et votre qualité de sommeil.

2. Identification des Domaines à Améliorer : Identifiez les domaines de votre vie qui pourraient bénéficier d'améliorations pour favoriser une meilleure santé mentale et prévenir la dépression. Cela peut inclure des ajustements dans votre alimentation, votre routine d'exercice, vos habitudes de sommeil et vos stratégies de gestion du stress.

3. Établissement d'Objectifs Réalistes : Définissez des objectifs spécifiques, mesurables et réalisables pour chaque domaine que vous souhaitez améliorer. Assurez-vous que vos objectifs sont réalistes et adaptés à votre situation personnelle.

4. Création d'un Plan d'Action : Élaborez un plan d'action détaillé pour mettre en œuvre vos objectifs. Identifiez les étapes spécifiques que vous prendrez pour atteindre chaque objectif, ainsi que les ressources et le soutien dont vous aurez besoin.

5. Intégration d'Habitudes Saines : Intégrez des habitudes saines dans votre quotidien, telles que l'alimentation équilibrée,

l'exercice régulier, la méditation, la relaxation et le temps passé en plein air. Priorisez ces activités et faites-en une partie intégrante de votre routine quotidienne.

6. Engagement envers le Changement : Engagez-vous à suivre votre plan d'action et à apporter les changements nécessaires pour améliorer votre mode de vie. Soyez persévérant et patient avec vous-même pendant le processus de changement.

7. Suivi et Évaluation : Suivez vos progrès régulièrement en évaluant votre état de santé mentale et en notant tout changement positif ou négatif. Utilisez ces informations pour ajuster votre plan d'action au besoin et continuer à progresser vers vos objectifs.

8. Recherche de Soutien : N'hésitez pas à rechercher du soutien auprès de vos proches, de professionnels de la santé mentale ou de groupes de soutien pour vous aider dans votre parcours vers une vie plus équilibrée et épanouissante.

En suivant ces consignes et en adoptant un mode de vie sain et équilibré, vous pouvez renforcer votre bien-être émotionnel et prévenir la dépression de manière proactive. Engagez-vous à prendre soin de vous et à cultiver des habitudes qui favorisent une santé mentale optimale.

EXERCICE DE SURMONTE DES PENSÉES NÉGATIVES ET DES COMPORTEMENTS DESTRUCTEURS

Réévaluation des Pensées Négatives

Consignes :

1. Identification des Pensées Négatives : Prenez un moment pour identifier les pensées négatives récurrentes qui peuvent contribuer à votre dépression. Ces pensées peuvent inclure des jugements sur vous-même, des attentes irréalistes ou des interprétations négatives des événements.

2. Notation des Pensées : Notez ces pensées négatives dans un carnet ou un journal chaque fois qu'elles surviennent. Soyez conscient de la fréquence à laquelle vous avez ces pensées et des situations qui les déclenchent.

3. Analyse des Pensées : Analysez chaque pensée négative de manière objective et critique. Posez-vous des questions telles que : "Est-ce que cette pensée est basée sur des faits ?", "Est-ce qu'il existe une autre interprétation possible de la situation ?", "Quelles preuves ai-je pour soutenir ou réfuter cette pensée ?"

4. Reformulation des Pensées : Une fois que vous avez identifié les pensées négatives, travaillez à les reformuler de manière plus réaliste et positive. Remplacez les pensées irrationnelles par des affirmations plus équilibrées et objectives.

5. Pratique de la Pensée Positive : Pratiquez la pensée positive en vous concentrant sur vos forces, vos réussites et vos expériences

positives. Utilisez des affirmations positives pour renforcer votre estime de soi et votre confiance en vous.

6. Utilisation de Techniques de Distraction : Lorsque vous êtes confronté à des pensées négatives persistantes, utilisez des techniques de distraction pour détourner votre attention vers des activités positives et engageantes. Cela peut inclure des passe-temps, des activités créatives ou de l'exercice physique.

7. Développement de la Résilience : Travaillez à développer votre résilience émotionnelle en adoptant une perspective de croissance et en apprenant à tirer des leçons des défis et des échecs. Cultivez une attitude de gratitude en reconnaissant les aspects positifs de votre vie, même dans les moments difficiles.

8. Engagement envers le Changement : Engagez-vous à pratiquer régulièrement ces techniques de réévaluation des pensées négatives et à les intégrer dans votre vie quotidienne. Soyez patient avec vous-même et persévérez dans votre effort pour surmonter les pensées négatives et les comportements destructeurs.

En suivant ces consignes et en travaillant activement à surmonter les pensées négatives et les comportements destructeurs, vous pouvez progressivement changer votre perspective et améliorer votre bien-être émotionnel. N'oubliez pas que cela peut prendre du temps et de la pratique, mais chaque petit pas vous rapproche de la guérison et du bonheur.

EXERCICE DE RENFORCEMENT DES RELATIONS SOCIALES ET DU SOUTIEN ÉMOTIONNEL

Cultiver des Liens Sociaux Sains

Consignes :

1. Évaluation de vos Relations : Prenez un moment pour réfléchir à vos relations sociales actuelles, y compris vos amitiés, vos relations familiales et vos interactions professionnelles. Évaluez la qualité de ces relations et leur impact sur votre bien-être émotionnel.

2. Identification des Relations Positives : Identifiez les relations qui vous apportent du soutien émotionnel, de la joie et du réconfort. Ce sont des relations où vous vous sentez écouté, compris et accepté pour qui vous êtes.

3. Nourrir les Relations : Prenez des mesures pour nourrir et entretenir vos relations positives. Cela peut inclure des gestes simples tels que prendre régulièrement contact avec vos proches, passer du temps de qualité ensemble et exprimer votre gratitude et votre appréciation pour leur soutien.

4. Établir de Nouvelles Connexions : Soyez ouvert à établir de nouvelles connexions sociales en participant à des activités ou à des groupes qui vous intéressent. Recherchez des occasions de rencontrer de nouvelles personnes et de développer des amitiés basées sur des intérêts communs.

5. Pratique de l'Écoute Active : Pratiquez l'écoute active dans vos

interactions sociales en vous concentrant pleinement sur ce que les autres ont à dire, en posant des questions ouvertes et en montrant de l'empathie. Cela renforcera vos liens et favorisera une communication plus authentique et profonde.

6. Partage des Émotions : Soyez ouvert et vulnérable avec vos proches en partageant vos émotions et vos préoccupations. Cela vous permettra de vous sentir soutenu et compris, et renforcera vos liens affectifs.

7. Recherche de Soutien Professionnel : Si nécessaire, envisagez de consulter un professionnel de la santé mentale ou de rejoindre un groupe de soutien pour obtenir un soutien supplémentaire. Ces ressources peuvent vous offrir un espace sûr pour partager vos expériences et recevoir des conseils et un soutien supplémentaire.

8. Engagement envers les Relations Saines : Engagez-vous à cultiver des relations sociales saines et nourrissantes dans votre vie quotidienne. Priorisez le temps passé avec vos proches et prenez des mesures actives pour renforcer vos liens affectifs.

En suivant ces consignes et en investissant dans vos relations sociales, vous pouvez renforcer votre réseau de soutien émotionnel et améliorer votre bien-être général. N'oubliez pas que les relations positives sont essentielles pour cultiver une santé mentale robuste et une qualité de vie épanouissante.

EXERCICE DE PRATIQUE DE LA PLEINE CONSCIENCE ET DE GESTION DU STRESS

Séances de Pleine Conscience Quotidiennes

Consignes :

1. Choix d'un Moment Propice : Choisissez un moment de la journée où vous pouvez vous consacrer à la pratique de la pleine conscience. Cela peut être le matin au réveil, pendant une pause déjeuner ou le soir avant le coucher.

2. Trouver un Lieu Calme : Trouvez un endroit calme et tranquille où vous ne serez pas dérangé pendant votre séance de pleine conscience. Assurez-vous que l'environnement est propice à la détente et à la concentration.

3. Position Confortable : Asseyez-vous ou allongez-vous dans une position confortable qui vous permettra de vous détendre complètement. Gardez le dos droit et les épaules détendues, et placez vos mains sur vos genoux ou dans votre giron.

4. Centrage sur la Respiration : Commencez par porter votre attention sur votre respiration. Respirez naturellement et observez les sensations de l'air qui entre et sort de vos narines. Concentrez-vous sur les mouvements de votre abdomen ou de votre poitrine pendant la respiration.

5. Observation des Sensations Corporelles : Ensuite, portez votre attention sur les sensations dans votre corps. Parcourez mentalement votre corps, en observant toute tension, douleur

ou inconfort. Soyez conscient de ces sensations sans jugement, simplement en les observant.

6. Reconnaissance des Pensées : Laissez venir et partir les pensées et les émotions sans vous y accrocher. Si votre esprit s'évade, ramenez doucement votre attention sur votre respiration ou sur les sensations corporelles.

7. Pratique de l'Acceptation : Pratiquez l'acceptation en accueillant chaque pensée, émotion ou sensation corporelle avec bienveillance et ouverture. Permettez-vous d'être pleinement présent dans l'instant présent, sans chercher à le changer ou à le contrôler.

8. Fin de la Séance : Terminez votre séance de pleine conscience en prenant quelques instants pour remercier votre corps et votre esprit pour cette pratique. Revenez progressivement à votre environnement en bougeant doucement vos membres et en ouvrant les yeux si vous étiez fermés.

En suivant ces consignes et en pratiquant la pleine conscience quotidiennement, vous pouvez développer une plus grande conscience de vous-même et de votre environnement, ainsi qu'une capacité accrue à gérer le stress et les défis de la vie quotidienne. La pleine conscience peut être une ressource puissante pour cultiver un état d'esprit calme, centré et équilibré.

EXERCICE DE CRÉATION D'UN PLAN DE RÉCUPÉRATION DURABLE POUR MAINTENIR LA SANTÉ MENTALE

Élaboration d'un Plan de Bien-Être Mental

Consignes :

1. sur vos Besoins : Prenez le temps de réfléchir à vos besoins émotionnels et mentaux, ainsi qu'aux stratégies qui vous ont été utiles dans le passé pour maintenir votre santé mentale.

2. Identification des Ressources : Identifiez les ressources et les activités qui vous procurent du soutien et du réconfort. Cela peut inclure des pratiques de pleine conscience, des activités créatives, des loisirs, des relations sociales positives et des activités physiques.

3. Établissement d'Objectifs Réalistes : Définissez des objectifs concrets et réalisables pour votre bien-être mental. Assurez-vous que ces objectifs sont alignés sur vos valeurs et qu'ils sont adaptés à votre situation personnelle.

4. Création d'un Plan d'Action : Élaborez un plan d'action détaillé pour mettre en œuvre vos objectifs de bien-être mental. Identifiez les étapes spécifiques que vous prendrez pour atteindre chaque objectif, ainsi que les ressources et le soutien dont vous aurez besoin.

5. Intégration des Pratiques de Bien-Être : Intégrez des pratiques de bien-être dans votre quotidien, en accordant une attention particulière à votre santé mentale. Cela peut inclure des séances régulières de pleine conscience, des exercices de relaxation, des activités créatives et des moments de connexion sociale.

6. Engagement envers l'Auto-Soin : Engagez-vous à prendre soin de vous de manière proactive en mettant en œuvre votre plan de bien-être mental. Priorisez votre santé mentale et soyez attentif à vos besoins émotionnels tout au long de la journée.

7. Flexibilité et Ajustement : Soyez prêt à ajuster votre plan de bien-être mental en fonction des changements dans votre vie ou de l'évolution de vos besoins. Restez ouvert à explorer de nouvelles pratiques et à adapter votre plan en conséquence.

8. Suivi et Évaluation : Suivez vos progrès dans la mise en œuvre de votre plan de bien-être mental et évaluez régulièrement son efficacité. Soyez conscient des changements positifs dans votre santé mentale et prenez note des ajustements nécessaires pour maintenir votre bien-être à long terme.

En suivant ces consignes et en élaborant un plan de récupération durable pour maintenir votre santé mentale, vous pouvez renforcer votre résilience émotionnelle et cultiver un état d'esprit positif et équilibré. N'oubliez pas que votre bien-être mental est une priorité importante et qu'il est essentiel de prendre des mesures actives pour le préserver et le soutenir tout au long de votre vie.

CONCLUSION

"Un esprit sain dans un corps sain." – Juvénal

"Le bonheur, c'est lorsque ce que vous pensez, ce que vous dites et ce que vous faites sont en harmonie." - Mahatma Gandhi

"La vie n'est pas d'attendre que l'orage passe, c'est d'apprendre à danser sous la pluie." - Sénèque

Dans cet ebook, nous avons exploré en profondeur les différentes facettes de la santé mentale et les stratégies pour cultiver un bien-être mental équilibré et durable. De la reconnaissance des signes de la dépression à la pratique de la pleine conscience, en passant par la gestion du stress et le renforcement des relations sociales, chaque chapitre a offert des conseils pratiques et des outils précieux pour nourrir notre santé mentale.

Il est essentiel de comprendre que la santé mentale est un voyage continu, et non une destination finale. En intégrant les pratiques et les stratégies discutées dans cet ebook dans notre vie quotidienne, nous pouvons renforcer notre résilience mentale, développer une attitude positive et équilibrée, et cultiver une vie épanouissante sur le plan mental, émotionnel et spirituel.

Nous espérons que cet ebook vous a inspiré à prendre soin de votre bien-être mental et à investir dans votre santé mentale de la même manière que vous le feriez pour votre santé physique. Rappelez-vous toujours de pratiquer la bienveillance envers vous-même, de rechercher le soutien lorsque nécessaire, et de poursuivre votre voyage vers une vie épanouissante et équilibrée.

Que cet ebook serve de guide et de source d'inspiration alors que vous continuez à naviguer à travers les hauts et les bas de la vie. Nous vous souhaitons tout le succès dans votre parcours vers une santé mentale équilibrée et durable.

Petit Poème Pour Finir....

Dans le jardin de l'esprit, je cultive mes pensées,

Semant les graines de paix, d'amour et de bonté.

Je veille sur chaque fleur, chaque bourgeon délicat,

Pour qu'ils grandissent forts, malgré les vents contrariés.

Dans le jardin de l'esprit, je chasse les nuages sombres,

Cultivant la lumière qui réchauffe mes ombres.

Je danse parmi les fleurs, m'enivrant de leur parfum,

Trouvant la joie dans chaque pétale, chaque brin.

Dans le jardin de l'esprit, je tisse des liens d'or,

Avec ceux qui m'entourent, les amis et les confidents.

Nous partageons nos rêves, nos peurs et nos espoirs,

Sachant que dans l'union, se trouve notre réconfort.

Dans le jardin de l'esprit, je trouve la guérison,

En embrassant chaque aspect de mon être avec compassion.

Je suis le jardinier de mon âme, le gardien de mon bonheur,

Cultivant la vie que je veux, avec force et avec ardeur.

Que ce poème soit un rappel doux et apaisant,

De la puissance qui réside en chacun de nous, de notre être brillant.

Dans le jardin de l'esprit, nous trouvons notre vérité,

Et cultivons un bien-être qui illumine notre voie, pour l'éternité.

Avec gratitude et bienveillance,

ABOUT THE AUTHOR

Sabrina Du Perray

Je m'appelle Sabrina, une chercheuse passionnée de sens et une guerrière de la lumière déterminée à parcourir le chemin de la guérison et de la transformation. Depuis aussi longtemps que je me souvienne, j'ai été intriguée par les mystères de l'âme humaine et par la quête éternelle du bonheur et de l'épanouissement.

Ma propre quête de sens m'a conduite à explorer divers domaines de la psychologie, de la spiritualité et de la philosophie, cherchant des réponses aux questions les plus profondes de l'existence. Guidée par une soif insatiable de connaissance et de compréhension, j'ai entrepris un voyage intérieur pour découvrir les clés de la paix intérieure et du bien-être psychologique.

Au fil des ans, j'ai surmonté de nombreux défis et obstacles, faisant face à des épreuves qui m'ont confrontée à mes propres limites et à mes plus grandes peurs. Mais à travers chaque épreuve, j'ai trouvé une opportunité de croissance et de transformation, apprenant à embrasser la vulnérabilité et à transcender la douleur pour trouver la guérison et la résilience.

Aujourd'hui, je suis déterminée à partager les leçons que j'ai apprises en chemin, offrant un guide compatissant et inspirant pour ceux qui cherchent la lumière au milieu des ténèbres. Que vous soyez en quête de réconfort, d'inspiration ou de conseils pratiques, je suis là pour vous guider sur le chemin de la guérison et de l'épanouissement. Ensemble, nous pouvons surmonter tous les maux et trouver la paix et le bonheur que nous méritons tous.

REMERCIEMENTS

Je remercie mes proches qui me soutiennent et m'aiment d'un amour inconditionnel,

Je remercie la vie pour ce qu'elle m'apporte, que ce soit de joyeux ou de triste, car les deux ont contribué à construire ma personnalité et ont fait de moi la femme que je suis aujourd'hui.

Je me remercie pour mon parcours et ma résilience, et d'être restée toujours debout malgré les tempêtes.

Je vous remercie vous chères lectrices et chers lecteurs et je souhaite que mes mots puissent contribuer à guérir vos maux.

Soyons heureux !